ANTIQUITÉS

D'ORIENT ET D'EXTRÊME-ORIENT

BELLES FAÏENCES DE FOUILLES
DE PERSE & DE SYRIE

Beaux Verres Romains Irisés
OBJETS ANTIQUES DE GRÈCE, ÉGYPTE & SYRIE

Manuscrits, Miniatures, Laques, Coffrets

POTICHES, BOLS, ASSIETTES, PLATS

Soieries, Broderies et Toiles imprimées de Perse

Objets de la Chine

BEAUX TAPIS DE PERSE

DONT LA **VENTE** AURA LIEU

HOTEL DROUOT — SALLE N° II

Le Lundi 22 et le Mardi 23 Décembre 1913

à 2 heures précises

COMMISSAIRE-PRISEUR :	EXPERT-ANTIQUAIRE :
Mᵉ G. FRANÇOIS	**M. E. D. PIGNATELLIS**
23, Rue Le Peletier, 23	*10, Rue de Montpensier, 10*

CHEZ LESQUELS SE DISTRIBUE LE CATALOGUE

EXPOSITION PUBLIQUE

A L'HOTEL DROUOT, le Dimanche 21 Décembre 1913, de 2 h. à 6 h.

NOTA. — Les **TAPIS DE PERSE** seront vendus le Mardi 23 Décembre, à 4 h. 30

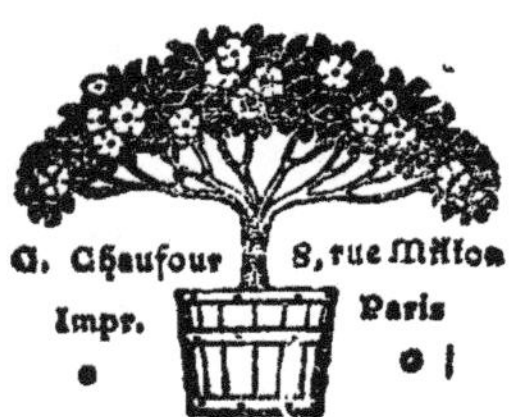

G. Chaufour 8, rue Milton
Impr. Paris

CONDITIONS DE LA VENTE

La vente sera faite expressément *au comptant*.

Les acquéreurs paieront **dix pour cent en sus** *des prix d'adjudication.*

L'exposition publique mettant les acquéreurs à même de se rendre compte de l'état et de la nature des objets mis en vente, il ne sera admis *aucune réclamation* une fois l'adjudication prononcée.

L'Expert se réserve le droit de grouper ou de diviser les lots.

M. E. D. Pignatellis se charge aux conditions habituelles (5 o/o sur le chiffre des adjudications) des commissions qu'on voudra bien lui confier.

L'ordre des numéros du Catalogue pourra ne pas être suivi.

ORDRE DES VACATIONS

Lundi 22 Décembre 1913

Verres romains irisés de Syrie........... Nᵒˢ	1 à 80
Antiquités de Grèce, Egypte et Syrie....	81 à 115
Objets divers.........................	461 à 474
Faïences de fouilles de Syrie 4 h......	322 à 331
Faïences de fouilles de Perse...........	116 à 190
Potiches de Perse......................	261 à 279
Assiettes, lampes, éléphant............	311 à 321

Mardi 23 Décembre 1913

Objets de la Chine.....................	448 à 460
Faïences de fouilles de Perse...........	191 à 260
Manuscrits, miniatures................	419 à 447
Tapis de Perse à 4 h. 30..............	350 à 399
Soieries, broderies, toiles imprimées....	400 à 418
Assiettes, bols, potiches de Perse.......	280 à 310
Laques et coffrets de Perse.............	332 à 349

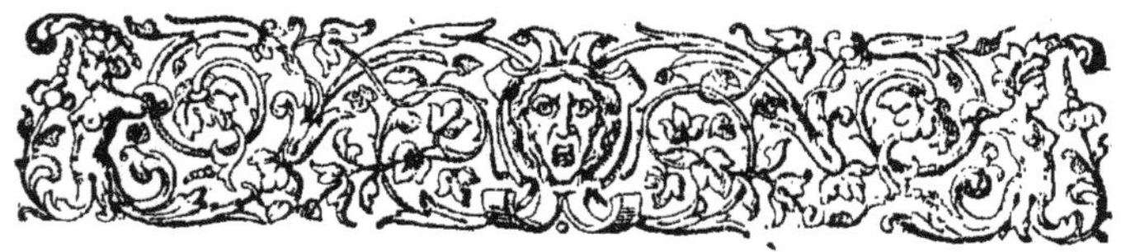

DÉSIGNATION

VERRES IRISÉS ROMAINS
OU ARABES
PROVENANT DE FOUILLES DE SYRIE

1 — *Flacon*, décor en relief.

2 — *Flacon*, décor en relief.

3 — Quatre petits *flacons*.

4 — Trois petits verres : *assiette, coupe* et *flacon.*

4 *bis* — Trois *verres.*

5 — *Bouteille* cloche, goulot étroit et long. Irisée.
Haut. : 0ᵐ17.

6 — Trois *flacons* irisés, deux tout petits et un sphérique à long goulot.
Haut. : 0ᵐ06, 0ᵐ09 et 0ᵐ14.

7 — *Gourde* plate à deux anses bien irisée. Belle pièce.
Haut.: 0ᵐ12.

8 — Beau *flacon* sphérique, verre jaune bien irisé.
Haut. : 0ᵐ14.

9 — Deux verres irisés : *flacon* pomiforme irisé nacre et *flacon-rouleau* cannelé à anse.
Haut. : 0ᵐ09.

10 — *Vase* pomiforme, goulot peu évasé. Belle irisation.

Haut. : 0^m07.

11 — Deux tout petits *vases* pomiformes. Belles irisations multicolores.

Haut. : 0^m04.

12 — Deux *flacons* : sphérique goulot étroit, irisé et pomiforme, goulot large. Irisation nacre.

Haut. : 0^m08 et 0^m07.

13 — *Flacon* sphérique, goulot long. Irisé.

Haut. : 0^m12.

14 — *Vase* pomiforme, goulot large. Magnifique irisation multicolore.

Haut. : 0^m07.

15 — Petit *bol*. Irisation argentée.

Haut. : 0^m004 ; Diam. : 0^m08.

16 — *Vase* pomiforme, goulot bas et large. Belle irisation multicolore.

Haut. : 0^m075.

17 — *Biberon*. Belle irisation verte.

Haut. : 0^m10.

18 — Très beau *flacon* piriforme, goulot long et étroit. Magnifiquement irisé.

Haut. : 0^m12.

19 — Petite *bouteille* piriforme, goulot très bas et étroit. Magnifique irisation verte argentée. Très belle pièce.

Haut. : 0^m008.

20 — Deux petits *vases* pomiformes, goulots larges. Belles irisations.

Haut. : 0^m035 et 0^m045.

21 — Beau *flacon* sphérique, goulot long et étroit. Magnifiquement irisé.

Haut. : 0^m14.

22 — *Vase* pomiforme, goulot bas et large. Belle irisation multicolore.

Haut. : 0^m07.

23 — *Flacon* sphérique, goulot évasé, irisation verte rouge.

Haut. : 0ᵐ12.

24 — Très belle toute petite *bouteille* piriforme, goulot étroit peu évasé. Magnifiquement irisée vert, rouge feu.

Haut. : 0ᵐ065.

25 — Beau *vase* pomiforme, goulot large peu évasé. Irisation multicolore.

Haut. : 0ᵐ07.

26 — *Vase* pomiforme cannelé. Belle irisation verte rouge feu.

Haut. : 0ᵐ07.

27 — Très belle petite *bouteille* piriforme, goulot étroit peu évasé et, sur la panse cannelures circulaires, verre jaunâtre. Magnifiquement irisé vert orange, argenté.

Haut. : 0ᵐ09.

28 — *Vase* pomiforme. Irisation multicolore.

Haut. : 0ᵐ07.

29 — Très beau petit *flacon* moulé pomiforme, revêtu d'un réseau de losanges qui ressemblent â un grillage ou aux mailles d'un filet, goulot en entonnoir, orné de moulures. Superbe irisation nacre.

Haut. 0ᵐ06.

30 — *Vase* pomiforme, goulot évasé, irisation multicolore.

Haut. : 0ᵐ08.

31 — Très beau *flacon* sphérique, goulot bas bien évasé, cannelures sur la panse. Magnifique irisation multicolore argentée.

Haut. : 0ᵐ09.

32 — *Vase* pomiforme, goulot bas et large, irisation multicolore.

Haut. : 0ᵐ07.

33 — *Vase* pomiforme, cannelures verticales sur le goulot, irisation multicolore.

Haut. : 0ᵐ07.

34 — Belle *coupe.* Superbe irisation multicolore vert rouge feu.

Diam. : 0ᵐ14.

35 — *Flacon* pomiforme, goulot bas et étroit. Irisation blanche.

36 — Beau *verre à boire* évasé. Superbe irisation verte, rouge feu. Accidents.

37 — Petit *flacon* piriforme avec épines. Belle irisation multicolore, argent.

38 — Trois pièces : deux *fragments* et un *amphore* vert à anse, goulot trilobé, restauré.

39 — Belle petite *bouteille* piriforme, goulot long et étroit peu évasé, sur la panse cannelures circulaires. Irisation multicolore.

Haut. : 0ᵐ08.

40 — *Vase* pomiforme, goulot large peu évasé. Belle irisation multicolore.

Haut. : 0ᵐ06.

41 — *OEnochoé* jaunâtre à anse verte, goulot trilobé.

Haut. : 0ᵐ12.

42 — Petit *flacon*, goulot long et évasé. Bien irisé.

Haut. : 0ᵐ08.

43 — Petit *vase* pomiforme, goulot très bas, évasé. Très belle irisation argentée.

Haut. : 0ᵐ05.

44 — Belle *coupe* côtelée. Irisation argentée.

Diam. : 0ᵐ13.

45 — *OEnochoé* à anse, goulot large et bien évasé, cannelures verticales sur la panse. Magnifique irisation multicolore argentée.

Haut. : 0ᵐ08.

46 — Deux petits *flacons* dont l'un romain, irisation argentée et l'autre arabe, décor en relief.

Haut. : 0ᵐo6 et 0ᵐo65.

47 — Deux *flacons* piriformes. Irisés.

Haut. : 0ᵐo7.

48 — Deux *verres* irisés : *flacon* long et *amphore* à anse piriforme.

49 — *Lampe de mosquée* piriforme à plusieurs anses. goulot bien évasé. Très belle irisation.

Haut. : 0ᵐo85.

50 — *Flacon* pomiforme, douze appendices sur la panse, verre verdâtre à pâte épaisse. Irisé.

Haut. : 0ᵐo6.

51 — Belle *bouteille* bleue, goulot étroit peu évasé, cannelures circulaires blanches sur la panse.

Haut. : 0ᵐo9.

52 — Magnifique *bouteille* sphérique, goulot bas évasé. Ornements assujettis à moulures en relief. Superbement irisée. Accidents.

Haut. : 0ᵐ10.

53 — Très beau *vase* pomiforme, goulot bas et large. Magnifique irisation multicolore.

Haut. : 0ᵐo7.

54 — *Bouteille* pomiforme, goulot long très large. Irisation verdâtre.

Haut. : 0ᵐ125.

55 — Grande *bouteille* piriforme, goulot long bien évasé, plusieurs appendices sur la panse.

Haut. : 0ᵐ20.

56 — *OEnochoé* à anse, goulot trilobé; très belle irisation multicolore.

Haut. : 0ᵐo9.

57 — *OEnochoé* à anse, goulot trilobé; belle irisation argentée.

Haut. : 0ᵐ10.

58 — Très belle *bouteille* pomiforme, goulot bien évasé, cannelures verticales sur la panse. Magnifique irisation nacre.

Haut. : 0ᵐ10.

59 — *Vase* pomiforme, goulot bas. Irisation multicolore.

Haut. : 0ᵐo8.

60 — Petit *bol* à pied, irisation multicolore.

Haut. : 0ᵐo55 et Diam. : 0ᵐo9.

61 — *Bouteille* piriforme, goulot bien évasé. Irisation nacre.

Haut. : 0ᵐ13.

62 — Petit *encrier* à deux anses, en pâte de verre bleu indigo, cannelures sur la panse.

Haut. : 0ᵐo4.

63 — *Coupe* pâte de verre jaune. Très belle irisation.

Diam. : 0ᵐ13.

64 — *Flacon* grenat à deux anses bleus. Irisé.

Haut. : 0ᵐo7.

65 — *Flacons* jumeaux à deux anses, cannelures circulaires. Irisés.

Haut. : 0ᵐ1o5.

66 — *Bouteille* pomiforme, goulot long évasé avec cannelures circulaires. Plusieurs appendices sur la panse. Magnifique irisation verte, rouge feu.

Haut. : 0ᵐ11.

67 — *Flacon* arabe piriforme. Irisation beige.

Haut. : 0ᵐ11.

68 — Très belle *coupe*. Magnifiquement irisé argent.

Diam. : 0ᵐo85.

69 — Magnifique *bouteille* piriforme, goulot bas et étroit. Superbe irisation vert, rouge feu.

Haut.: 0ᵐ11.

70 — Très belle *bouteille* moulée, pomiforme, revêtue d'un réseau de losanges qui ressemblent aux mailles d'un filet, goulot en entonnoir. Superbe irisation multicolore.

Haut. : 0^m09.

71 — Belle *bouteille* piriforme, goulot bas évasé, cannelures verticales sur la panse. Magnifique irisation argentée.

72 — Six *bracelets* bien irisés.

73 — Trois *bracelets* arabes bien irisés.

74 — Cinq *bracelets* phéniciens et arabes.

75 — Deux *bracelets* phéniciens polychromes.

76 — Deux *colliers* en perles phéniciennes et mosaïques.

77 — *Collier* en perles régulières phéniciennes.

78 — *Collier* en perles cornaline.

79 — *Collier* en perles améthystes.

80 — *Collier* en perles agates.

80 *bis* — *Collier* en perles, terres cuites émaillées, lapis, pâte de verre, etc.

ANTIQUITÉS DE GRÈCE, ÉGYPTE
ET SYRIE

81 — Trois petits *vases peints* en terre cuite, décor sujets variés.

82 — Deux *amphores peintes* en terre cuite, décor sujets figures.

83 — *Amphore peinte*, terre cuite, décor sujets figure et femme.

83 *bis* — *Buste d'épervier* en granit noir, trouvé en Egypte.

84 — Deux *vases* géométriques peints: *Kypellon*, décor sujets douze personnages, et *Skyphos*, décor sujet quatre oies.

84 *bis* — Deux pierres calcaires : Fragment de *bas-relief* et *torse* de femme. *Egypte*.

85 — Deux terres cuites : *Tête barbue* et petit *Ary-balle*, décor sujet personnage.

86 — Deux *œnochoés à anse* et couvercles, peints, décor sujets amours.

87 — Deux *Skyphos* terre cuite émaillée noire.

88 — Deux terres cuites : *Aryballos* peint, dessins noirs et *coupe* émaillée rouge, décor sujets poissons en relief.

88 *bis* — Quatre *anses* romaines en bronze, têtes de lions.

89 — Deux *statuettes* grotesques en terre cuite.

90 — Trois vases peints : Deux *lécythes* et *coupe* géométrique, décor sujets oiseaux.

91 — Six pièces: Cinq petites *têtes* terre cuite et petit *bas-relief* bronze, sujet personnage.

91 *bis* — *Lampe* romaine en bronze. Trouvé en Asie-Mineure.

Haut. : 1 m.

92 — *Torse d'homme*, marbre grec. Socle en pierre calcaire.

93 –– Trois pièces égyptiennes : *Statuette assise* en bronze, *tête de bœuf* en terre cuite et alabastre.

94 — *Chien* en terre cuite. Trouvé à Fayoum.

95 — *Tête de femme*, marbre grec.

95 *bis* — *Vase* à anse émaillé vert irisé, céramique romaine.

96 — Trois *statuettes* : Deux Egyptiennes, en bronze, et une Assyrienne, en plomb.

97 — Cinq pièces : Quatre *scarabées* et un *cachet*.

98 — Trois pièces : Deux petites *têtes* en terre cuite émaillées vertes, et un petit *buste* en pierre noire.

99 — Quatre pièces : *Cachet* byzantin en plâtre, *buste de sphinx* en bois et deux os, *main* et petit *relief*.

100 — Fragment de *bas-relief* assyrien en marbre.

101 –– Fragment de *stèle funéraire* en pierre calcaire décor polychrome, sujets personnages.

102 — *Buste de femme* égyptienne, granit noir.

103 — *Tête de lion* en pierre calcaire. Modèle de sculpture.

104 — *Masque* en pierre calcaire.

105 — Deux petits *bustes* d'homme romain en bois, et de femme égyptienne en pierre noire.

106 — *Bas-relief* grec en marbre : Taureau et inscription grecque.

106 *bis* — *Bas-relief* grec en marbre : L'Amour aux pieds de la Minerve.

107 — *Masque d'homme* en plâtre, yeux en pâte de verre.

106 ΑΓΑΘΑΙΟΣΑΝΤΙΓΟΝΩ Ξ
ΠΟΣΕΙΔΩΝΙΚΑΙ
ΑΜΦΙΤΡΕΙΤΗΕΥΧΗΝ

108 — Trois pièces égyptiennes : Deux terres cuites émaillées vertes : *Momie* et *buste bucéphale*, et petite *tête de profil* en albâtre, chevelure en pâte de verre.

109 — Trois bronzes : Deux petits *bustes* d'enfant et de femme romains, et *bol*.

110 — Petite *tête de lion* en pierre calcaire. Modèle de sculpture.

111 — *Statuette* de femme en bronze.

112 — Petit *torse* de femme en albâtre.

113 — *Bas-relief* égyptien en pierre calcaire. Sacrifice au roi Ramsès II et inscriptions hiéroglyphes.

114 — Trois *statuettes* égyptiennes en bronze.

115 — *Osiris*, pierre noire tendre.

FAIENCES DE FOUILLES DE PERSE

Xe AU XIVe SIÈCLES

116 — *Plat* tricolore émaillé.

117 — Petit *bol*, décor noir et bleu et inscriptions arabiques sur fond blanc irisé.

118 — *Bol* à reflets métalliques.

119 — Petit *plat*, décor noir et bleu et inscription arabique sur fond blanc irisé.

120 — Petit *bol* turquoise.

120 *bis* — Grand *bol*, décor vert sur fond noir.

121 — Petit *profond* mauve clair.

121 *bis* — *Bol* lapis, décor noir.

122 — Petite *plaque* longue de revêtement, décor en relief, sujet cerf chassé par un chien.

123 — *Étoile* à reflets métalliques, décor en relief, sujets deux cerfs, inscriptions arabiques.

124 — *Lanterne à jour Guébry* verte foncé.
Haut. : 0^m29

125 — Petit *bol* à reflets métalliques, inscriptions arabiques.

126 — *Carafe* à reflets métalliques, décor sujets cavaliers.

127 — *Bol* à reflets métalliques.

128 — *Vase* à deux anses Sultanabad, décor blanc en relief sur marron.

129 — Deux faïences à reflets métalliques, *bol* et *vase*.

129 *bis* — *Vase-rouleau*, décor vert. inscription arabique sur fond noir.

130 — *Bol* à reflets métalliques, décor *Kalemkeri*, inscription arabique.

131 — *Bol* à reflets métalliques et rayures bleues.

132 — *Bol* à jour crême, décor inscription coufique et rayures bleues.

133 — *Bol*, décor bleu et inscriptions arabiques noir sur fond crême irisé.

134 — *Bol* a reflets métalliques, à l'extérieur, inscription coufique.

135 — *Vase à anse* turquoise, beau décor en relief.

136 — Grand *bol*, décor bleu sur fond blanc.

137 — *Bol* tricolore à reflets métalliques, décor sujets deux personnages.

138 — *Bol* Guébry crème, décor gravé.

139 — *Bol* à jour turquoise, décor gravé.

140 — *Bol tricolore* à reflets métalliques, décor sujets deux oiseaux et dessins.

141 — Petit *bol*, décor noir sur vert turquoise.

142 — *Plat* turquoise, décor gravé.

143 — Grand *plat* tricolore à reflets métalliques, décor deux personnages et inscription coufique.

144 — *Plaque de revêtement* turquoise, cavalier en relief.

145 — Petit *plat*, décor bleu et noir sur fond crème irisé.

146 — Petit *bol*, décor noir sur bleu turquoise.

147 — Petit *bol* turquoise, décor gravé.

148 — Petit *bol* bleu à reflets métalliques, décor figure.

149 — *Bol* indigo irisé, décor gravé.

150 — *Bol tricolore* à reflets métalliques.

151 — Petit *bol* à reflets métalliques.

152 — Petit *bol* à reflets métalliques, décor sujet oiseau.

153 — *Vase* à anse turquoise.

154 — Deux petits *vases* intacts turquoise.

155 — Deux petits *bols*, un à reflets métalliques et l'autre turquoise.

156 — *Bol* turquoise.

157 — *Plat Guébry*, décor jaune sur fond grenat.

158 — Grand *bol Guébry*, rayures marron et vert sur fond crème.

159 — *Assiette creuse* Guébry, décor marron sur fond crème.

160 — *Bol* Guébry, décor vert sur fond crème.

161 — *Bol* crème.

162 — *Bol* tricolore à reflets métalliques.

163 — Grand *plat* turquoise, décor en relief.

164 — *Bol* à reflets métalliques, décor sujets cinq personnages.

165 — *Œnochoé* à anse, terre cuite.

166 — *Bol* Sultanabad, décor noir et bleu, sujets quatre lapins sur fond crème irisé.

167 — Grand *vase* à six anses Sultanabad turquoise. Irisé.

Hauteur environ : 0^m40.

168 — *Vase* turquoise et deux fragments de faïence à reflets métalliques.

169 — *Bol* bleu à reflets métalliques.

170 — *Bol* à reflets métalliques, décor sujets oiseau personnage.

171 — Petit *bol* émaillé crème décor gravé et rayures bleues.

172 — Cinq *fonds de bols*, deux à reflets métalliques, personnages et trois émaillés, décor bleu et noir sur fonds crème, sujets animaux.

173 — *Bol* émaillé bleu d'outre-mer, irisé.

174 — *Assiette* à pied, décor vert sur fond noir irisé.

175 — Petit *vase* à anse émaillé crème, décor rayures bleues.

176 — *Bol* bicolore à reflets métalliques, décor sujets oiseaux.

177 — *Bol Rey*, beau décor noir, dessin et inscription arabique sur bleu turquoise.

178 — *Vase* à anse et à goulot large, turquoise.

179 — *Vase-rouleau* émaillé, rayures bleues sur fond blanc.

180 — *Bol* bicolore à reflets métalliques, à l'extérieur inscription coufique marron sur bleu d'outre-mer.

181 — Petit *bol Rhagès*, décor polychrome, à l'extérieur inscription coufique.

182 — *Bol* à reflets métalliques, deux personnages et inscription coufique.

183 — *Vase* à anse turquoise, goulot étroit et bas.

184 — *Bol Guébry*, décor marron et vert sur fond crème.

185 — Petit *vase* à anse émaillé blanc, décor rayures bleues.

186 — Deux pièces : *Bol* émaillé, décor vert sujet scorpion sur fond noir et fond de *bol* à reflets métalliques, décor sujets cavaliers.

187 — *Bol* émaillé, décor bleu et noir, dessins et inscriptions arabiques sur fond blanc irisé.

188 — *Bol* bicolore à reflets métalliques.

189 — *Vase* à anse et goulot large, décor inscription arabique et dessins verts sur fond noir.

190 — *Bol* émaillé, décor inscription coufique et dessins verts sur fond noir.

191 — Beau *bol* émaillé, décor noir et bleu, dessins et inscriptions arabiques sur fond blanc. Bien irisé.

192 — *Plat* bleu foncé à reflets métalliques.

193 — *Bol Guébry* vert irisé.

194 — *Plat* émaillé mauve clair.

195 — *Vase* à fleurs, émaillé indigo.

196 — *Vase* à anse et goulot large à reflets métalliques, décor sujets cavaliers sur la panse et inscription coufique sur le goulot. Belle pièce.

197 — *Bol* émaillé verdâtre, à l'extérieur inscription coufique en relief.

198 — Petit *plat*, décor bleu et noir, sujet oiseau sur fond blanc.

199 — Grand *vase-rouleau* émaillé bleuâtre.

200 — Deux petits *vases*, un turquoise à deux anses et l'autre à anse, décor dessins et inscription coufique verts sur fond noir.

201 — Petit *bol* émaillé décor noir, sujets poissons et dessins sur fond vert turquoise.

202 — *Bol* émaillé, décors noir et bleu, dessins et inscriptions arabiques sur fond vert turquoise.

203 — *Vase-rouleau* rayures bleues sur fond blanc.

204 — *Assiette* émaillée blanc, décor gravé.

205 — Grand *bol* émaillé, décor dessins verts sur fond noir.

206 — *Vase-rouleau* turquoise, beau décor en relief.

207 — *Bol* à reflets métalliques, décor deux personnages et dessins.

208 — *Bol* bleu à reflets **métalliques**, à l'extérieur, inscription coufique.

209 — Beau *bol* bicolore, décor **inscriptions arabi**ques.

210 — Beau *bol* Sultanabad, décor noir sur fond vert turquoise. Irisé.

211 — *Bol Guébry*, décor marron **et** vert sur fond crème.

212 — Grand *plat* émaillé blanc, décor gravé **et** rayures bleues. Belle pièce.

213 — Grand *vase* à deux anses, indigo, beau décor en relief, sujets oiseaux et animaux. Pièce intéressante.

214 — Beau *vase* à deux anses, turquoise, décor gravé.

215 — *Bol* émaillé pourpre. Irisé.

216 — Grand *bol* émaillé, décor noir, bleu et marron beaux dessins et inslription arabique sur fond blanc. Irisé.

217 — Très beau *vase* à deux anses, sujets lions, décor rayures bleues verticales sur fond blanc avec belle irisation. Pièce intéressante.

218 — *Bol Guébry*, beau décor vert et marron sur fond crème.

219 — *Bol Rhagès*, très beau décor polychrome sur fond blanc; à l'extérieur, inscription coufique.

220 — *Bol* émaillé, décor noir et bleu, dessins et inscription coufique sur fond blanc. Irisé.

221 — *Bol Guébry* bicolore, vert et crème, décor gravé.

222 — Grand *plat* verdâtre, inscription coufique en relief.

223 — Grand *bol*, décor noir, dessins et inscription coufique sur fond bleu turquoise.

224 — Grand *vase* à anse, à reflets métalliques.

225 — *Bol*, rayures circulaires noires sur fond turquoise.

226 — Beau *bol* bicolore à reflets métalliques, décor deux personnages; à l'extérieur, inscription coufique.

227 — *Bol* émaillé Rhagès, décor polychrome et inscription arabique noire sur fond crème. A l'extérieur, inscriptions coufique polychrome et arabique noire.

228 — *Bélier*, faïence émaillée turquoise. Belle et rare pièce.

229 — *Bol Guébry* vert, décor gravé.

230 — Beau *vase* à anse émaillé Rhagès, joli décor polychrome sur fond turquoise, à l'intérieur du goulot, inscription coufique.

231 — Beau *bol* émaillé turquoise, à l'extérieur, inscription coufique en relief.

232 — *Bélier*, faïence bicolore à reflets métalliques, décor sujets quatre personnages. Très belle et rare pièce.

233 — Très beau *bol* émaillé, décor rayures bleues sur fond bleu turquoise. Intéressante pièce.

234 — *Bol* à reflets métalliques, décor cavalier au milieu, sept personnages, sept arbustes et inscription coufique sur la panse.

235 — *Bol Guébry* crème, décor vert.

236 — Beau *vase* à anse, Guébry, à reflets métalliques, décor dessins et inscriptions coufiques verticales sur fond crème. Belle pièce, couleurs bien conservées.

237 — *Chameau*, faïence Sultanabad, décor noir sur fond turquoise avec très belles irisations. Rare pièce bien conservée.

238 — *Bol* profond, turquoise, à l'extérieur, beau décor en relief.

239 — Magnifique *bol* émaillé Rhagès, décor polychrome, sujets huit personnages, dessins et inscription coufique. Intéressante pièce de collection.

240 — Magnifique *carafe* à anse à beaux reflets métalliques, décor sujet oiseaux et personnages. Intéressante pièce de collection.

241 — *Bol* Guébry, vert sur fond crème. Irisé.

242 — Magnifique *carafe* émaillée turquoise, le goulot tête de coq. Très beau décor en relief. Rare et intéressante pièce de collection.

243 — *Bol* émaillé, beau décor noir et bleu sur fond bleu turquoise. Inscriptions arabiques.

244 — *Bol* Guébry, décor vert et marron sur fond jaune.

245 — *Bol* émaillé, décor bleu et noir sur fond blanc avec très belles irisations.

246 — *Bol* émaillé, dessin et inscription arabique verts sur fond noir.

246 *bis* — Trois *vases* dont deux turquoises et un crème.

247 — *Vase* à anse bicolore, bleu et crème, irisé, inscription arabique.

247 *bis* — Deux *vases* à anse, terre cuite, décor en relief.

248 — Grand *vase-rouleau* bleu à reflets métalliques, décor en relief, inscription coufique.

249 — *Bol Guébry*, décor marron et vert sur fond crème.

250 — *Bol* émaillé, dessins verts sur fond noir, irisé.

251 — *Assiette* à reflets métalliques, décor sujets deux personnages.

251 *bis* — Deux *vases* à anse, terre-cuite, décor en relief.

252 — *Panneau* de neuf *plaques de revêtement* : quatre croix turquoise et cinq étoiles dont quatre à reflets métalliques et une *Rhagès*, bleu d'outre-mer avec dorures.

252 *bis* — Deux *vases* à anse, terre-cuite, décor en relief.

253 — *Panneau* de neuf *plaques de revêtement* dont quatre croix émaillées, turquoise, quatre étoiles à reflets métalliques et une étoile indigo bien irisée.

254 — *Lanterne* à trois anses, *Guébry*, vert bien irisé.

255 — *Bol* émaillé, décor noir sur turquoise.

256 — *Bol Guébry*, rayures vertes sur fond crème.

257 — *Bol* émaillé, beau décor noir et bleu d'outre-mer sur fond turquoise irisé.

258 — *Œnochoé* à anse turquoise.

259 — Petit *bol*, décor vert sur fond noir.

260 — *Assiette*, décor vert, inscription coufique sur fond noir.

260 *bis* — Deux *vases* à anse en terre cuite, décor en relief.

POTICHES DE PERSE

261 — Deux petites *potiches*, décor noir sur fond vert turquoise.

262 — Deux petiies *potiches*, décor noir sur fond vert turquoise.

263 — Deux petites *potiches*, décor noir sur fond vert turquoise.

264 — Deux petites *potiches*, décor noir sur fond vert turquoise.

265 — *Potiche*, décor noir sur fond vert turquoise.

266 — *Potiche*, décor noir sur fond vert turquoise.

267 — *Potiche*, décor noir sur fond vert turquoise.

268 — *Potiche*, décor noir sur fond vert turquoise.

269 — *Potiche*, décor bleu, sujets personnages, oiseaux et animaux sur fond crème orange.

270 — *Potiche*, décor bleu, sujets personnages, oiseaux et animaux sur fond crème orange.

271 — *Potiche*, décor bleu, sujets personnages, oiseaux et animaux sur fond crème orange.

272 — *Potiche*, décor bleu, sujets personnages, oiseaux et animaux sur fond crème orange.

273 — Deux petites *potiches*, décor marron, sujets personnages sur fond blanc.

274 — Deux petites *potiches*, décor polychrome, sujets personnages sur fond crème.

275 — Deux petites *potiches*, décor polychrome, sujets personnages sur fond crème.

276 — Deux petites *potiches*, décor bleu sur fond crème.

277 — Deux petites *potiches*, décor bleu sur fond crème.

278 — Deux petites *potiches*, décor noir sur fond crème.

279 — Deux petites *potiches*, décor bleu ou polychromé sur fond crème.

280 — Deux *potiches*, décor bleu sur fond crème.

281 — Deux *potiches*, décor bleu sur fond crème.

282 — Deux *potiches*, décor bleu sur fond crème.

283 — *Potiche*, décor bleu, sujets personnages, oiseaux et animaux sur fond blanc orange.

284 — *Potiche*, décor bleu, sujets personnages, oiseaux et animaux sur fond blanc orange.

285 — Deux petites *potiches*, décor bleu sur fond crème.

286 — Deux petites *potiches*, décor bleu sur fond crème.

287 — Deux petites *potiches*, décor bleu sur fond crème.

288 — Deux petites *potiches*, décor bleu sur fond crème.

289 — Deux petites *potiches*, décor bleu sur fond crème.

290 — *Potiche*, décor bleu, fleurs sur fond blanc.

291 — Grande *potiche*, décor bleu sur fond crème.

Haut.: 0ᵐ35.

292 — *Potiche*, décor bleu sur fond crème.

293 — *Potiche*, décor noir sur fond crème.

294 — Deux *potiche*, décor blanc, sujets personnages, animaux et oiseaux sur fond mauve.

295 — Deux *potiches*, décor blanc, sujets personnages, oiseaux et animaux sur fond bleuâtre.

296 — Deux *potiches*, décor bleu sur fond crème.

297 — *Potiche*, décor bleu sur fond blanc.

298 — *Bol*, pierre tendre sculptée, décor sujets personnages, oiseaux et animaux.

299 — *Assiette*, pierre tendre sculptée, décor sujets personnages, oiseaux et animaux.

300 — Deux *assiettes*, décor noir et bleu sur blanc.

301 — Deux *assiettes*, décor noir et bleu sur blanc.

302 — Deux *assiettes*, décor noir et bleu sur blanc.

303 — Deux *bols* à jour, décor noir sur fond turquoise.

304 — Deux *assiettes*, décor noir, oiseau et dessin sur fond turquoise.

305 — Deux *assiettes*, décor noir, oiseau et dessins sur fond turquoise.

306 — Deux *assiettes*, décor noir et bleu, figure et palmettes sur fond blanc.

307 — Petit *panneau* de quatre plaques de revêtement, décor polychrome, sujets oiseaux et fleurs sur fond jaune.

308 — Deux *plaques de revêtement*, décor polychrome, fleurs sur fond jaune.

309 — *Vase* en terre cuite incrustée points bleus et marrons en cire.

310 — Deux *assiettes*, décor noir et bleu sur fond noir, sujet oiseau et dessins sur turquoise.

311 — Deux petites *assiettes*, décor noir sur fond vert turquoise.

312 — Deux petites *assiettes*, décor noir sur fond vert turquoise.

313 — Deux *assiettes*, décor bleu et noir sur fond blanc.

314 — Deux *assiettes*, décor bleu et noir sur fond blanc.

315 — Deux *assiettes*, décor bleu et noir sur fond blanc.

316 — Trois *lampes* persanes, décor noir sur fond vert turquoise.

317 — Deux *lampes*, décor noir sur vert turquoise.

318 — Deux *flacons* à reflets métalliques, décor sujets personnages.

319 — Deux *flacons* à reflets métalliques, décor sujets personnages.

320 — *Assiette* ancienne, décor blanc sur fond bleu.

321 — *Eléphant* avec personnages, oiseaux et animaux, faïence émaillée turquoise.

FAIENCES DE FOUILLES DE SYRIE
XIIIe et XIVe SIÈCLES

322 — *Bol* crème Rakka, décor vert.

323 — *Bol* Rakka, décor bleu et noir sur fond verdâtre irisé.

324 — Trois *vases* à reflets métalliques dont deux Rakka et un persan.

325 — Quatre faïences Rakka : Trois petites *lampes* à anse et un petit *vase à anse* turquoise. Irisé.

326 — Très beau *bol* Rakka, décor quatre rayures bleues sur fond crème. Pièce très bien conservée intacte.

327 — Magnifique *bol* Rakka à reflets métalliques, décor dessins géométriques.

328 — Magnifique *tabouret* Rakka turquoise, bien irisé, décor en relief animal et motifs.

Haut. : 0ᵐ22.

329 — Deux *lampes* arabes Rakka. Irisées.

329 *bis* — Trois petits *vases* Rakka. Irisés.

330 - - Quatre petites faïences Rakka : deux *bols* et deux *lampes*.

330 *bis* — Deux petites faïences Rakka : *œnochoé* et *bol*.

331 — Petite *lampe* arabe Rakka. Magnifiquement irisée.

331 *bis* — Deux pièces Rakka : *lampe* turquoise et petite *assiette* crème, décor marron.

LAQUES ET MOSAIQUES DE PERSE

332 — Jeu de vingt-cinq *cartes à jouer* en laque polychrome.

333 — Deux *tabatières* laque polychrome, sujets personnages.

334 *bis* — Trois *tabatières* laque polychrome, sujets personnages.

334 — Deux petits *miroirs* en laque, décor polychrome, sujets oiseaux et fleurs.

335 — Deux *miroirs* de différente grandeur en laque décor polychrome, sujets oiseaux et fleurs.

336 — Deux *miroirs* en laque, décor polychrome, sujets oiseaux et fleurs.

337 — Deux *miroirs* en laque, décor polychrome, sujets personnages ou fleurs.

338 — Deux grands *miroirs* en laque, décor polychrome, sujets personnages ou fleurs et oiseaux.

339 — Deux *reliures* en laque, décor polychrome, fleurs sur fond noir.

340 — *Bouclier* en laque, décor polychrome sur fond noir.

341 — *Coffret* laque, décor polychrome, fleurs et oiseaux.

342 — Grand *coffret* laque, décor polychrome, sujets bataille de cavalerie, conseil de ministres, etc.

342 *bis* — Quatre pièces : deux petits *plumiers* en laque, décor polychrome, et deux *parties de pipe et de canne* en bois sculpté.

343 — Quatre *pièces* de reliures : deux en laque et deux en bois sculpté.

343 *bis* — Sept *bois* sculptés : six coquetiers et un plumier.

344 — *Jacquet,* bois incrusté ivoire et dorures, inscriptions arabiques.

345 — Beau *porte-coran,* bois incrusté ivoire et dorure.

345 *bis* — *Plateau* octogone, bois incrusté ivoire et dorures.

346 — Grand *coffret* bois sculpté : personnage.

347 — Grand *coffret* bois sculpté : lutte de lion et de serpent.

348 — Grand *coffret*, bois incrusté ivoire et dorure.

349 — Grand *coffret*, bois incrusté ivoire et dorure.

TAPIS DE PERSE

350 — Grand *tapis* ancien *Herate*, dessin polychrome sur fond bleu.

4ᵐ95 sur 2ᵐ20.

351 — *Tapis* ancien *Ispahan*, dessin palmettes sur fond bleu. Très mauvais état.

2ᵐ50 sur 1ᵐ80.

352 — *Tapis* Khorassan, dessin polychrome sur fond bleu.

353 — *Tapis Khorassan*, dessin polychrome sur fond bleu.

2ᵐ90 sur 2ᵐ50.

354 — *Tapis Herate*, dessin polychrome sur fond bleu.

2ᵐ05 sur 1ᵐ34.

355 — *Tapis Herate*, dessin polychrome, médaillon au milieu, sur fond bleu.

3ᵐ20 sur 1ᵐ55.

356 — *Tapis Herate*, dessin polychrome sur fond rouge.

1ᵐ75 sur 1ᵐ.

357 — *Tapis Khorassan*, dessin polychrome à médaillon rouge, sur fond bleu. Bordure rouge, dessins palmettes.

2ᵐ01 sur 1ᵐ40.

358 — *Tapis Khorassan*, beau dessin polychrome sur fond bleu, bordure rouge.

2ᵐ90 sur 1ᵐ55.

359 — *Tapis Gachegai*, dessin polychrome fond bleu.

1ᵐ30 sur 1ᵐ10.

360 — Petit *tapis Ferahan*, dessin polychrome.

1ᵐ15 sur 0ᵐ70.

361 — *Tapis Chiraz*, dessin polychrome sur fond bleu, bordure rouge.

1ᵐ50 sur 1ᵐ15.

362 — Beau *Tapis Herate*, dessin polychrome, fond bleu, bordure palmettes.

2ᵐ55 sur 1ᵐ60.

363 — Petit *tapis Kurdestan*, fond rouge.

0ᵐ85 sur 0ᵐ80.

364 — *Tapis Kurdestan*, fond bleu.

1ᵐ65 sur 1ᵐ20.

365 — *Tapis Chiraz*, beau dessin polychrome sur fonds bleu et rouge, belle bordure fond blanc.

1ᵐ55 sur 1ᵐ03.

366 — *Tapis Chiraz* fond bleu, bordure rouge.

1ᵐ60 sur 1ᵐ10.

367 — Grand *tapis Kerman*, dessin polychrome.

368 — Grand *tapis Herate*, dessin polychrome.

4ᵐ35 sur 1ᵐ80.

369 — *Tapis Chiraz*, dessin polychrome sur fond bleu.

2ᵐ45 sur 1ᵐ60.

370 — *Tapis Hamedan* fond bleu, bordure blanche et rouge.

2ᵐ10 sur 1ᵐ25.

371 — Deux petits *tapis*, dessins polychromes.

371 *bis* — Deux petits *tapis*, dessins polychromes.

372 — Deux petits *tapis*, dessins polychromes.

372 *bis* — Deux *tapis*, dessins polychromes.

373 — *Tapis*, dessin polychrome.

373 *bis* — *Tapis*, dessin polychrome.

374 — *Tapis Ferahan*, fond bleu vert.

1^m64 sur 1^mo5.

375 — *Tapis Ferahan*, fond couvert fleurs.

1^m8o sur o^m9o.

376 — *Tapis Turkeman*, fond bleu à palmes.

1^m9o sur o^m92.

377 — *Tapis* ancien *Ferahan*, fond rose. Belle pièce.

1^m84 sur o^m88.

378 — *Tapis Caucase*, coloris rare.

1^m42 sur 1^mo5.

379 — *Tapis Schirvan*, coloris pistache.

1^m4o sur 1^m.

38o — *Tapis Caucase*.

1^m45 sur o^m95.

381 — *Tapis Schirvan*, fond bleu, trois losanges.

1^m6o sur 1^m.

382 — *Tapis Caucase*, fond or. Belle pièce.

1^m6o sur 1^m15.

383 — *Tapis Schirvan*, fond gris à losanges.

1^m52 sur 1^m.

384 — *Tapis Arag*, dessin polychrome sur fond corail.

1^m9o sur 1^m35.

385 — *Tapis Lauristan*, fond bleu, encoignures corail.

2^m3o sur 1^m45.

386 — *Tapis Arag* fin, fond crème à palmes or, bordure corail.

2^m1o sur 1^m33.

387 — *Tapis* ancien *Turkeman* velouté, fond fauve.

1^m55 sur 1^m20.

388 — *Tapis Gachegaï* à palmes.

2^m30 sur 1^m23.

389 — *Tapis Gachegaï* velouté, coloris doux.

2^m15 sur 1^m20.

390 — *Tapis Chiraz*, fond bleu à fleurs et feuillage, bordure claire.

1^m75 sur 1^m18.

391 — *Tapis Gachegaï*, fond corail, dessin polychrome.

2^m sur 1^m30.

392 — *Tapis Hamadan*, fond saumon.

1^m80 sur 1^m30.

393 — *Tapis Lauristan*, fond bleu à palmes.

2^m10 sur 1^m24.

394 — *Tapis Chiraz* à losanges, bordure bleue.

2^m04 sur 1^m20.

395 — *Tapis* fin *Arag.* fond bleu, encadrement corail, bordure crème.

2^m14 sur 1^m24.

396 — *Tapis Hamadan*; fond bleu à palmes.

1^m85 sur 1^m.

397 — *Tapis de galerie Lauristan*, fond bleu.

3^m40 sur 1^m25.

398 — *Tapis Khorassan*, coloris rare.

3^m20 sur 2^m.

399 — *Tapis Mahal*, dessin polychrome, fleurs sur fond rouge.

ETOFFES, SOIERIES

TOILES IMPRIMÉES, BRODERIES

400 — Trois petits *panneaux* soierie.

400 *bis* — Petit *panneau*, soie rouge brodé fil doré.

401 — Sept pièces : deux petits *panneaux* soie, trois *échantillons* soie et deux velours.

402 — *Voile* de mariée soie écrue, brodé fils argent doré.

403 — *Voile* de mariée soie rouge, brodé fils argent doré.

404 — Deux *voiles* de mariée soie rouge, brodé fils argent doré.

405 — *Echarpe* en fil brodé soie écrue.

405 *bis* — Deux *dessus de coussins* en fil brodé soie écrue.

406 — Six *serviettes à thé*, et un *chemin de table*, fil brodé de soie écrue.

406 *bis* — Douze *serviettes à thé à jours* fil brodé soie écrue.

407 — *Tapis de table carré* fil, brodé soie écrue.

407 *bis* — Deux *chemins de table*, fil brodé soie écrue.

408 — Trois *tapis de table ronde* en toile imprimée.

409 — Trois *rideaux en toile imprimée*.

410 — Trois *tapis de prière en toile imprimée*.

411 — Trois *tapis de prière en toile imprimée*.

412 — Trois *tapis de prière en toile imprimée*.

413 — Trois *tapis de prière en toile imprimée*.

414 — Trois *panneaux en toile imprimée*.

415 — Trois *panneaux en toile imprimée*.

416 — Trois *panneaux en toile imprimée*.

417 — Trois *panneaux en toile imprimée*.

418 — Grand *panneau en cachemire* de *Perse*.

MANUSCRITS ET MINATURES

DE PERSE

419 — *Coran* du XVIIe siécle, écriture arabe.

419 *bis* — *Manuscrit* du XIXe siècle avec douze miniatures polychromes.

420 — Deux *miniatures* polychromes, oiseaux et fleurs et quelques pages de poésie en écriture persane. XVIIe siècle.

420 *bis* — *Coran* du XVIIe siècle, écriture arabe.

421 — Quatre pièces : trois *miniatures* polychromes et *texte* arabe.

421 *bis* — Trois *miniatures* polychromes.

422 — Deux *miniatures*.

422 *bis* — Trois *miniatures* polychromes.

423 — Quatre *miniatures* polychromes.

423 *bis* — Quatre *miniatures* polychromes.

424 — Deux *miniatures* : Deux danseuses et personnage assis. Encadrées.

425 — Deux *miniatures* polychromes : Chasse et personnage assis. Encadrées.

426 — Deux *miniatures* polychromes : Personnage debout et bataille. Encadrées.

427 — Deux *miniatures* : La Reine assise sur le trône et le Roi assis sur le trône reçoit son peuple.

428 — Deux *miniatures* : Deux amoureux debout et deux assis.

429 — *Miniature* polychrome, personnage. Encadrée.

429 *bis* — *Miniature* polychrome, fleurs Encadrée.

430 — *Miniature* polychrome, personnagss, arbustes et textes persan.

431 — *Tableau-miniature* : Contrat de mariage signé. Ecriture persane, décors polychrome et doré.

432 — *Manuscrit*, poésie avec un frontispice.

433 — *Coran* avec un frontispiée, écriture arabe à décor doré, reliure cachemire.

434 — *Manuscrit de prières*, deux volumes, un à vingt et une pages et un frontispice et un à dix pages. Belle bordure dans toutes les pages, xvie siècle.

435 — *Coran* avec un frontispice, reliure cuir avec dorures.

436 — *Manuscrit* poésies. reliure en laque polychrome, fleurs.

437 — *Manuscrit de prières* avec un frontispice, reliure laque, fleurs.

438 — *Manuscrit* avec un frontispice : Histoire d'Arabie, reliure cuir.

439 — *Manuscrit* avec un frontispice et ornements dorés. Belle écriture chicaste.

440 — *Manuscrit* avec un frontispice du xviie siècle. Belle écriture nastali, reliure cuir noir.

441 — *Miniature* : Deux savants sous un arbre se consultant.

442 — *Miniature* : Chirine et Fer-hate dans le bois.

443 — *Miniature* : Derviche et cavaliers.

444 — *Miniature* : Bataille de cavalerie.

445 — *Miniature* : Deux docteurs sous un arbre.

446 — *Miniature* : Duel de cavaliers.

447 — *Miniature* : Départ d'un prêtre à Mecque.

OBJETS DE LA CHINE

448 — *Statuette*, personnage debout, bronze doré.

449 — *Bouddha*, bronze.

450 — *Bouddha* assis, bronze.

451 — Petit *bol* à deux anses, bronze, décor en relief sujets oiseaux et fleurs.

452 — *Cavalier sur cerf*, bronze.

453 — Deux *vases* à deux anses, bronzes.

454 — *Coupe* à trois pieds, bronze, décor en relief, dessins et inscription.

455 — Deux *statuettes* bronze, sujets chinois jouant à la corde sur une tortue.

456 — *Fourneau* et *marmite* avec couvercle, bronzes, décors en relief et à jour.

457 — Deux *bronzes* : Chinois jouant à la corde sur une tortue et cachet.

457 *bis* — Trois *cendriers* à trois pieds et à deux anses, inscriptions. Bronzes.

458 — Deux *cendriers*, un à deux anses, l'autre à trois pieds, inscriptions. Bronzes.

458 *bis* — *Vase* à deux anses, inscriptions. Bronze.

459 — *Assiette* cloisonnée, décor polychrome, sujets oiseau, papillon et panier de fleurs sur fon bleu en couleurs, panorama et inscriptions.

460 — *Makimono chinois*, peinture sur soie.

OBJETS DIVERS

461 — *Tableau* en mosaïque, sujet paon, provenant de Tripoli (Afrique).

462 — Deux *fusils* Turkeman, bois monté argent ciselé.

463 — Deux *vases* de *Perse* émaillés.

464 — Deux *vases* de *Perse* émaillés.

465 — Deux *vases* de *Perse* émaillés.

466 — Lots de *monnaies anciennes* argent et bronze.

467 — Deux *parties* de fusils.

468 — Trois petits *tableaux* encadrés.

469 — Deux *groupes* de terre-cuite, genre Tanagra grecques.

470 — Belle *tête de femme* coloriée en terre-cuite.

471 — Quatre pièces : trois *aryballes* peints en terre cuite et un *médaillon* en plomb.

472 — Deux *miniatures* de Perse, encadrées.

473 — Deux *miniatures* de Perse, encadrées.

474 — Objets omis.

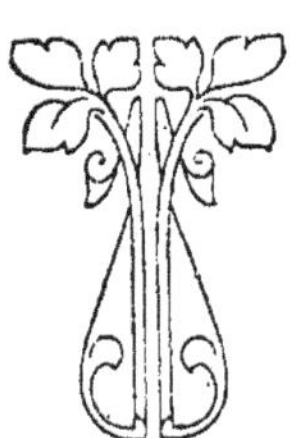

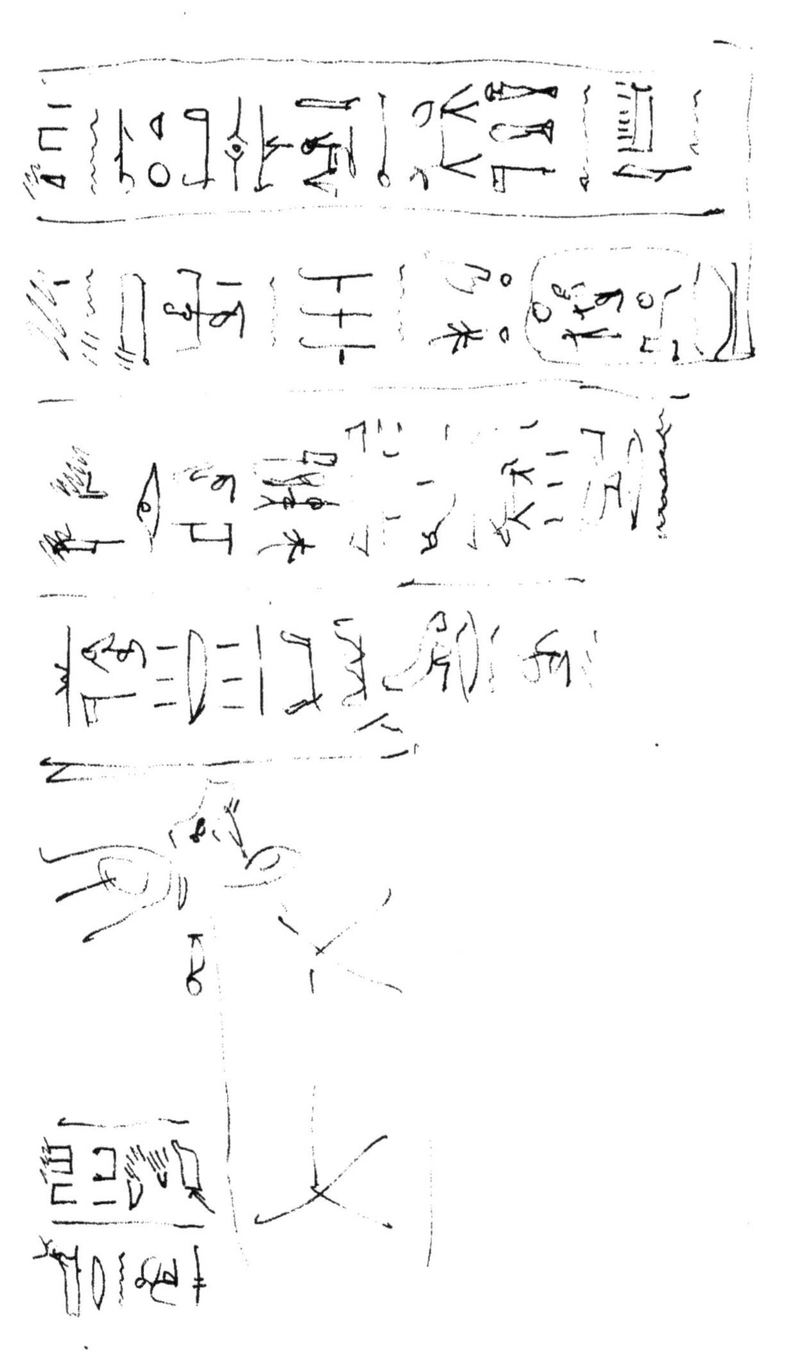